성경명화태교

하나님 말씀과 함께 하는 미술태교

성경명화태교
하나님 말씀과 함께 하는 미술태교

초판1쇄 · 2018년 9월 27일

엮은이 · 최수아

곡 · 노승림, 하쥬리

펴낸곳 · 도서출판 엘맨

발행인 · 채주희
주소 · 서울특별시 마포구 신수동 448-6
전화 · 02-323-4060, 02-6401-7004 | **팩스** · 02-323-6416
이메일 · elman1985@hanmail.net | www.elman.kr

등록번호 · 제 10호-1562(1985. 10. 29.)

값 · 22,000원

ISBN 978-89-5515-641-6(23230)

성경명화태교

하나님 말씀과 함께 하는 미술태교

최수아 엮음 | 노승림·하쥬리 곡

엘맨

하나님의 사람을 만들어가는 ELMAN

성경 말씀과 찬송과 예술이 함께 하는 기쁨과 사랑의 태교

임산부는 약자이면서도 강자입니다. 음식이나 환경에 민감하게 영향을 받고 상처받기 쉬워서 약자이고
뱃 속에 또 다른 생명을 품고 있어서 혼자가 아니라 둘이니 강자입니다.
또한 임산부는 스스로를 아낄 줄 알아야하고 받은 사랑을 베풀 수 있는 미래의 어머니입니다.
그래서 임신 중 태교는 참으로 중요합니다.
자녀를 낳고 기르는 것은 자연스럽고 아름다운 일이지만 안타깝게도
2018년 우리나라는 최저출산율을 기록하고 있으며 다가오는 미래에 인구가 많이 줄어 아파트와 주택들을 다시 지어야 할것이고
대학교는 문 닫는 곳이 많을 것이라고 합니다.
바울과 같이 특별한 사명감으로 독신의 은사를 품고 하나님의 일을 하거나 경제적으로 많이 어려운 형편이 아니라면
결혼해서 가정을 꾸린 이상에는 창세기 말씀의 생육하고 번성하라는 출산의 순종도 필요합니다.
엄마가 자녀를 뱃 속에 있을 때부터 주님이 주시는 귀한 자녀로 생각하며 정성껏 태교를 한다면
그 태아가 이 세상에 나와 사회와 가정의 소금 역할을 감당하는 훌륭한 사람으로 성장할 것입니다.

이 책을 편집한 저는 어린 시절부터 교회를 다녔으나 미지근한 신앙을 가지고 있었고 주님과 세상을 번갈아가며 섬기다가 결국 젊은 시절 상처를 겪었습니다.
저는 심리적으로 힘들었고 주님을 붙들지 않고는 살 수가 없다는 것을 느껴서 제대로 예수그리스도를 믿고자 노력하였습니다.
그러나 나의 열심으로는 한계가 있고 하나님과 이웃을 사랑하는 마음이 가장 중요하다는 것을 깨달았습니다.
제가 결혼했을 당시에 남편은 나이가 마흔 여덟살이었고 저는 서른 아홉살이었기에 임신이 어려울 거라 생각했습니다.
저희 부부는 주님께 아기를 낳게 해달라고 틈틈이 가정예배를 하며 기도를 했고
그래도 안될까봐 교회의 중보기도자들에게도 임신이 될 수 있게 해달라고 기도요청을 해서 여기저기 중보기도를 받았습니다.
결국 주님이 기도를 들어주셨고 결혼한지 몇 개월만에 임신이 되어 저희 부부는 중보기도의 응답을 체험하게 되었습니다.
저는 임신을 했을 당시에 성경을 읽으며 찬송가를 듣고 아름다운 것들을 보는 것이 태교에 상당히 도움이 된다는 것을 느꼈습니다.
임신 출산과 태교에 관련된 책자들을 읽으며 태교에 좋다는 여러가지를 해보았습니다.
식사, 수면, 운동, 독서, 음악감상, 여행, 영양제 섭취, 신앙생활 등 좋다는 것은 다 해보았습니다.
그러면서 임신한 상태에서 잘 먹고 자고 움직이는 육적인 태교도 중요하지만 영적인 태교가 가장 중요하다는 것을 깨달았습니다.

호흡이 있는 자마다 여호와를 찬양할지어다 할렐루야(시 150:6)
너는 마음을 다하여 여호와를 신뢰하고 네 명철을 의지하지 말라
너는 범사에 그를 인정하라 그리하면 그가 네 길을 지도하시리라(잠 3:6~7)

하나님은 온 우주의 창조주이자 주인이시며 모든 우주만물과 생명체는 주님의 피조물입니다.

우리가 인생의 주인이 아니라 하나님께서 인생의 주인이십니다. 하나님은 모든 것을 다스리시기에 그 어떤 빽(backgroud)보다 강하신 분이십니다.

피조물된 우리는 그 분께 속해 있음을 인정하고 우리와 자녀의 영육을 주님이 인도하시는 선하신 뜻대로 따라야 합니다.

저는 임신을 했을 때 주일에 교회를 다니며 예배를 하고 집안에서도 성경을 읽고 기도를 하면서 주님과 교제를 할 때 영적인 기쁨과 편안함을 느꼈습니다.

보라 자식들은 여호와의 주신 기업이요 태의 열매는 그의 상급이로다(시 127:3)
이러므로 그들의 열매로 그들을 알리라(마 7:20)

'콩 심은데 콩 나고 팥 심은데 팥 난다'는 옛 속담처럼 좋은 마음으로 태교를 하면 좋은 사람을 낳을 수 있습니다.

우리는 자신의 자녀, 그리고 자신이 전도하는 사람들이 바로 열매임을 인식하고 좋은 열매를 맺기 위하여 최선을 다해야 합니다.

교회를 다니고 주일성수하는 것도 중요하지만 주님과의 일대일 관계가 제대로 형성되고 사람들과의 관계가 제대로 이루어져서 사랑의 결실을 맺어야 합니다.

누군가 어떤 실험을 해보았는데 사랑한다고 말하며 키운 식물과 미움의 말을 하며 키운 식물을 비교했더니 성장과정에 확실히 차이가 났다고 합니다.

실제로 사랑의 언어로 양육받은 식물은 쑥쑥 잘 성장한 반면에 미움의 언어를 들으며 자란 식물은 시들시들했다고 합니다.

그만큼 생명은 감정과 정서의 영향을 받습니다.

그 어떤 생명보다 섬세한 감성을 가지고 있는 인간은 흙으로 빚어졌지만 하나님의 숨결로 만들어졌기 때문에 사랑에 민감합니다.

그래서 뱃속의 아가에게 사랑한다고 말해주고 표현하는 것은 상당히 중요합니다.

이 책에는 독자들이 편안한 마음이 들 수 있도록 하는 성경말씀이 담겨져 있습니다.

그림은 서구유명화가들의 풍경화나 많이 알려진 인물화, 복잡한 세상 속에서 단순함의 진리를 느껴보시라고 추상화도 넣었습니다.

성경명화태교 찬송가cd는 교회에서 많이 불리는 찬송가를 피아노와 바이올린 2중주로 담고 있어 듣는 자가 심신의 평화를 느끼도록 제작되었습니다.

아무쪼록 부족하지만 이 책을 통하여 주님의 사랑과 마음의 평강을 느끼시기를 바랍니다.

이 책이 나오기까지 저를 도와주신 분들이 있습니다.

출판사 이사장님, 홍실장님, 바쁜 일정에도 찬송가 녹음을 해준 친구 승림이와 하쥬리씨, 스튜디오 김사장님, 든든한 후원자인 엄마, 곁에서 힘이 되어 주는 남편, 명화 일러스트 작업에 함께 동참해 주신 이지혜씨, 김수진씨, 박보배씨, 박보배씨, 김하영씨에게 감사하다고 전하고 싶습니다.

이 모든 영광을 하나님께 바칩니다.

머리말

Ⅰ. 성경 읽기와 명화 감상

II. 명화 태교 색칠하기

이 책을 읽는 방법

먼저 편안한 마음으로 명화를 본 후에 성경 말씀을 읽으면서 묵상합니다.

뱃 속의 아기도 같이 보고 듣고 있다는 생각으로 태교를 합니다.

엄마나 아빠가 읽어도 되고, 엄마와 아빠가 같이 읽거나 부모와 먼저 태어난 태아의 형제, 자매가 같이 읽어도 됩니다.

찬송가 CD를 들으면서 읽기도 하고 조용한 상태에서 읽거나 묵상해도 됩니다.

책을 한 번 다 읽어도 반복해서 성경을 읽으면 성경 암기 효과도 있으므로 시간이 되면 여러 번 읽습니다.

뒷 페이지에는 직접 색칠을 할 수 있도록 명화를 따라서 색칠하는 페이지를 만들어 놓았습니다.

임신한 상태에서 손을 많이 쓰면 뱃속의 태아의 두뇌 발달에도 도움이 된다고 합니다.

색연필이나 수채화물감, 크레용, 혹은 집에 있는 미술재료 등 자신에게 맞는 색칠도구로 그림을 그리시기 바랍니다.

실제 명화와 똑같이 그리지 않아도 되며 창의적으로 자신이 원하는 색깔로 칠해도 됩니다.

Ⅰ. 성경 읽기와 명화 감상

사랑하는 자에게
To lover

클로드 오스카 모네, 〈아르장퇴유 부근의 개양귀비꽃〉, 1873, 캔버스에 유채, 오르쉐 미술관

내 사랑아 너는 어여쁘고 어여쁘다 네 눈이 비둘기 같구나
나의 사랑하는 자야 너는 어여쁘고 화창하다 우리의 침상은 푸르고
우리 집은 백향목 들보, 잣나무 서까래로구나
(아가서 1:15-17)

나의 사랑하는 자가 내게 말하여 이르기를 나의 사랑, 내 어여쁜 자야 일어나서 함께 가자
겨울도 지나고 비도 그쳤고
지면에는 꽃이 피고 새가 노래할 때가 이르렀는데 비둘기의 소리가 우리 땅에 들리는구나
무화과나무에는 푸른 열매가 익었고 포도나무는 꽃을 피워 향기를 토하는구나 나의 사랑, 나의 어여쁜 자야 일어나서 함께 가자
바위틈 낭떠러지 은밀한 곳에 있는 나의 비둘기야 내가 네 얼굴을 보게 하라 네 소리를 듣게 하라 네 소리는 부드럽고 네 얼굴은 아름답구나
(아가서 2:10-14)

너는 동산의 샘이요 생수의 우물이요 레바논에서부터 흐르는 시내로구나
북풍아 일어나라 남풍아 오라 나의 동산에 불어서 향기를 날리라 나의 사랑하는자가 그 동산에 들어가서 그 아름다운 열매 먹기를 원하노라
(아가서 4:15-16)

내 사랑하는 자가 자기 동산으로 내려가 향기로운 꽃밭에 이르러서 동산 가운데에서 양 떼를 먹이며 백합화를 꺾는구나
나는 내 사랑하는 자에게 속하였고 내 사랑하는 자는 내게 속하였으며 그가 백합화 가운데에서 그 양 떼를 먹이는도다
내 사랑아 너는 디르사같이 어여쁘고, 예루살렘같이 곱고, 깃발을 세운 군대같이 당당하구나
(아가서 6:2-4)

너 동산에 거주하는 자야 친구들이 네 소리에 귀를 기울이니 내가 듣게 하려무나
내 사랑하는 자야 너는 빨리 달리라 향기로운 산 위에 있는 노루와도 같고 어린 사슴과도 같아라
(아가서 8:13-14)

자녀에게 주는 교훈
The message give to child

피에르 오귀스트 르누아르, 〈세탁소 집 아낙네와 그 딸〉, 1886, 캔버스에 유채, 개인

보라 자식들은 여호와의 기업이요 태의 열매는 그의 상급이로다
젊은 자의 자식은 장사의 수중의 화살 같으니
이것이 그의 화살통에 가득한 자는 복되도다 그들이 성문에서 그들의 원수와 담판할 때에 수치를 당하지 아니하리로다
(시편 127:3-5)

여인이 어찌 그 젖 먹는 자식을 잊겠으며 자기 태에서 난 아들을 긍휼히 여기지 않겠느냐 그들은 혹시 잊을찌라도 나는 너를 잊지 아니할 것이라
(이사야 49:15)

내 아들아 네 아비의 훈계를 들으며 네 어미의 법을 떠나지 말라
이는 네 머리의 아름다운 관이요 네 목의 금사슬이니라
내 아들아 악한 자가 너를 꾈지라도 따르지 말라
(잠언 1:8-10)

시온의 딸아 노래할지어다 이스라엘아 기쁘게 부를지어다
예루살렘 딸아 전심으로 기뻐하며 즐거워할지어다
(스바냐 3:14)

네 부모를 공경하라 그리하면 네 하나님 여호와가 네게 준 땅에서 네 생명이 길리라
(출애굽기 20:12)

자녀들아 주 안에서 너희 부모에게 순종하라 이것이 옳으니라
네 아버지와 어머니를 공경하라 이것은 약속이 있는 첫 계명이니
이로써 네가 잘되고 땅에서 장수하리라
(에베소서 6:1-3)

너는 마음을 다하여 여호와를 신뢰하고 네 명철을 의지하지 말라
너는 범사에 그를 인정하라 그리하면 네 길을 지도하시리라
(잠언 3:5-6)

여호와께 찬양하라!
Praise the Lord!

피에르 오귀스트 르누아르, 〈기타 치는 여인〉, 1896~1897년경, 캔버스에 유채, 리옹 미술관

새 노래로 여호와께 노래하라 온 땅이여 여호와께 노래할지어다
여호와께 노래하여 그의 이름을 송축하며 그의 구원을 날마다 전파할지어다
그의 영광을 백성들 가운데에, 그의 기이한 행적을 만민 가운데에 선포할지어다
여호와는 위대하시니 지극히 찬양할 것이요 모든 신들보다 경외할 것임이여
만국의 모든 신들은 우상들이지만 여호와께서는 하늘을 지으셨음이로다
존귀와 위엄이 그의 앞에 있으며 능력과 아름다움이 그의 성소에 있도다
만국의 족속들아 영광과 권능을 여호와께 돌릴지어다 여호와께 돌릴지어다
여호와의 이름에 합당한 영광을 그에게 돌릴지어다 예물을 들고 그의 궁정에 들어갈지어다
아름답고 거룩한 것으로 여호와께 예배할지어다 온 땅이여 그 앞에서 떨지어다
모든 나라 가운데서 이르기를 여호와께서 다스리시니 세계가 굳게 서고 흔들리지 않으리라 그가 만민을 공평하게 심판하시리라 할지로다
하늘은 기뻐하고 땅은 즐거워하며 바다와 거기에 충만한 것이 외치고
밭과 그 가운데에 있는 모든 것은 즐거워할지로다 그때 숲의 모든 나무들이 여호와 앞에서 즐거이 노래하리니
그가 임하시되 땅을 심판하러 임하실 것임이라 그가 의로 세계를 심판하시며 그의 진실하심으로 백성을 심판하시리로다
(시 96:1-13)

수금으로 여호와를 노래하라 수금과 음성으로 노래할지어다
나팔과 호각 소리로 왕이신 여호와 앞에 즐겁게 소리칠지어다
바다와 거기 충만한 것과 세계와 그 중에 거주하는 자는 다 외칠지어다
여호와 앞에서 큰물은 박수할지어다 산악이 함께 즐겁게 노래할지어다
(시 98:5-8)

온 땅이여 여호와께 즐거운 찬송을 부를지어다
기쁨으로 여호와를 섬기며 노래하면서 그의 앞에 나아갈지어다
여호와가 우리 하나님이신 줄 너희는 알지어다 그는 우리를 지으신 이요 우리는 그의 것이니 그의 백성이요 그의 기르시는 양이로다
감사함으로 그의 문에 들어가며 찬송함으로 그의 궁정에 들어가서 그에게 감사하며 그의 이름을 송축할지어다
여호와는 선하시니 그의 인자하심이 영원하고 그의 성실하심이 대대에 이르리로다
(시 100:1-5)

지혜
Wisdom

그는 정직한 자를 위하여 완전한 지혜를 예비하시며 행실이 온전한 자에게 방패가 되시나니
대저 그는 정의의 길을 보호하시며 그의 성도들의 길을 보전하려 하심이니라
그런즉 네가 공의와 정의와 정직 곧 모든 선한 길을 깨달을 것이라
곧 지혜가 네 마음에 들어가며 지식이 네 영혼을 즐겁게 할 것이요
근신이 너를 지키며 명철이 너를 보호하여
악한 자의 길과 패역을 말하는 자에게서 건져 내리라
(잠 2:7-12)

지혜가 너를 선한 자의 길로 행하게 하며 또 의인의 길을 지키게 하리니
대저 정직한 자는 땅에 거하며 완전한 자는 땅에 남아 있으리라
(잠 2:20-21)

명철한 자의 입술에는 지혜가 있어도 지혜 없는 자의 등을 위하여는 채찍이 있느니라
(잠 10:13)

말이 많으면 허물을 면하기 어려우나 그 입술을 제어하는 자는 지혜가 있느니라
(잠 10:19)

지혜를 얻는 것이 금을 얻는 것보다 얼마나 나은고 명철을 얻는 것이 은을 얻는 것보다 더욱 나으니라
(잠 16:16)

하나님의 어리석음이 사람보다 지혜롭고 하나님의 약하심이 사람보다 강하니라
(고전 1:25)

아무도 자신을 속이지 말라 너희 중에 누구든지 이 세상에서 지혜 있는 줄로 생각하거든 어리석은 자가 되라 그리하여야 지혜로운 자가 되리라
(고전 3:18)

하나님께 대한 감사
Thanks for God

바실리 칸딘스키, 〈선단 위에〉, 1928년, 캔버스에 유채, 개인

여호와께 감사하라 그는 선하시며 그의 인자하심이 영원함이로다
(시편 118:1)

주의 성도들아 여호와를 찬송하며 그의 거룩함을 기억하며 감사하라
(시편 30:4)

감사함으로 그의 문에 들어가며 찬송함으로 그의 궁정에 들어가서 그에게 감사하며 그의 이름을 송축할지어다
(시편 100:4)

해로 낮을 주관하게 하신 이에게 감사하라 그 인자하심이 영원함이로다
(시편 136:8)

홍해를 가르신 이에게 감사하라 그 인자하심이 영원함이로다
(시편 136:13)

범사에 감사하라 이것이 그리스도 예수 안에서 너희를 향하신 하나님의 뜻이니라
(데살로니가전서 5:18)

우리는 주의 백성이요 주의 목장의 양이니 우리는 영원히 주께 감사하며 주의 영예를 대대에 전하리이다
(시편 79:13)

그 때에 예수께서 대답하여 이르시되 천지의 주재이신 아버지여
이것을 지혜롭고 슬기 있는 자들에게는 숨기시고 어린아이들에게는 나타내심을 감사하나이다
(마태복음 11:25)

범사에 우리 주 예수 그리스도의 이름으로 항상 아버지 하나님께 감사하며
그리스도를 경외함으로 피차 복종하라
(에베소서 5:20-21)

믿음
Faith

산드로 보티첼리, 〈천사와 함께 있는 성모와 아기예수〉, 1487년경, 템페라, 우피치 미술관

믿음은 바라는 것들의 실상이요 보이지 않는 것들의 증거니
선진들이 이로써 증거를 얻었느니라
믿음으로 모든 세계가 하나님의 말씀으로 지어진 줄을 우리가 아나니 보이는 것은 나타난 것으로 말미암아 된 것이 아니니라
(히브리서 11:1-3)

믿음이 강한 우리는 마땅히 믿음이 약한 자의 약점을 담당하고 자기를 기쁘게 하지 아니할 것이라
(로마서 15:1)

영혼 없는 몸이 죽은 것같이 행함이 없는 믿음은 죽은 것이니라
(야고보서 2:26)

복음에는 하나님의 의가 나타나서 믿음으로 믿음에 이르게 하나니 기록된 바 오직 의인은 믿음으로 말미암아 살리라 함과 같으니라
(로마서 1:17)

믿음의 주요 또 온전하게 하시는 이인 예수를 바라보자 그는 그 앞에 있는 기쁨을 위하여 십자가를 참으사 부끄러움을 개의치 아니하시더니
하나님 보좌 우편에 앉으셨느니라
(히브리서 12:2)

사도들이 주께 여짜오되 우리에게 믿음을 더하소서 하니
주께서 이르시되 너희에게 겨자씨 한 알만한 믿음이 있었더라면 이 뽕나무더러 뿌리가 뽑혀 바다에 심기어라 하였을 것이요
그것이 너희에게 순종하였으리라
(누가복음 17:5-6)

믿음의 결국 곧 영혼의 구원을 받음이라
(베드로전서 1:9)

하나님 말씀과 함께 하는 미술관 성경 명화 태교

소망
Hope

소망 중에 즐거워하며 환난 중에 참으며 기도에 항상 힘쓰며
성도들의 쓸 것을 공급하며 손 대접하기를 힘쓰라
(롬 12:12-13)

소망의 하나님이 모든 기쁨과 평강을 믿음 안에서 너희에게 충만하게 하사 성령의 능력으로 소망이 넘치게 하시기를 원하노라
(로마서 15:13)

의인의 소망은 즐거움을 이루어도 악인의 소망은 끊어지느니라
(잠언 10:28)

나의 영혼아 잠잠히 하나님만 바라라 무릇 나의 소망이 그로부터 나오는도다
오직 그만이 나의 반석이시요 나의 구원이시니 나의 요새이시니 내가 흔들리지 아니하리로다
나의 구원과 영광이 하나님께 있음이여 내 힘의 반석과 피난처도 하나님께 있도다
(시 62:5-7)

우리 구주 하나님의 자비와 사람 사랑하심이 나타날 때에
우리를 구원하시되 우리가 행한 바 의로운 행위로 말미암지 아니하고 오직 그의 긍휼하심을 따라 중생의 씻음과 성령의 새롭게 하심으로 하셨나니
우리 구주 예수 그리스도로 말미암아 우리에게 그 성령을 풍성히 부어 주사 우리로 그의 은혜를 힘입어 의롭다 하심을 얻어
영생의 소망을 따라 상속자가 되게 하려 하심이라
(디도서 3:4-7)

우리가 간절히 원하는 것은 너희 각 사람이 동일한 부지런함을 나타내어 끝까지 소망의 풍성함에 이르러
게으르지 아니하고 믿음과 오래 참음으로 말미암아 약속들을 기업으로 받는 자들을 본받는 자 되게 하려는 것이니라
(히브리서 6:11-12)

내 영혼아 네가 어찌하여 낙심하며 어찌하여 내 속에서 불안해 하는가 너는 하나님께 소망을 두라 그가 나타나 도우심으로 말미암아 내가 여전히 찬송하리로다
(시편 42:5)

가장 위대한 사랑
The greatest love

피에르 오귀스트 르누아르, 〈아이와 애 보는 소녀〉, 1895년, 종이에 파스텔, 개인

내가 사람의 방언과 천사의 말을 할지라도 사랑이 없으면 소리 나는 구리와 울리는 꽹과리가 되고

내가 예언하는 능력이 있어 모든 비밀과 모든 지식을 알고 또 산을 옮길 만한 모든 믿음이 있을지라도 사랑이 없으면 내게 아무것도 아니요

내가 내게 있는 모든 것으로 구제하고 또 내 몸을 불사르게 내줄지라도 사랑이 없으면 내게 아무 유익이 없느니라

사랑은 오래 참고 사랑은 온유하며 시기하지 아니하며 사랑은 자랑하지 아니하며 교만하지 아니하며

무례히 행하지 아니하며 자기의 유익을 구하지 아니하며 성내지 아니하며 악한 것을 생각하지 아니하며

불의를 기뻐하지 아니하며 진리와 함께 기뻐하고

모든 것을 참으며 모든 것을 믿으며 모든 것을 바라며 모든 것을 견디느니라

사랑은 언제까지나 떨어지지 아니하되 예언도 폐하고 방언도 그치고 지식도 폐하리라

우리는 부분적으로 알고 부분적으로 예언하니 온전한 것이 올 때에는 부분적으로 하던 것이 폐하리라

내가 어렸을 때에는 말하는 것이 어린 아이와 같고 깨닫는 것이 어린아이와 같고

생각하는 것이 어린아이와 같다가 장성한 사람이 되어서는 어린아이의 일을 버렸노라

우리가 지금은 거울로 보는 것같이 희미하나 그때에는 얼굴과 얼굴을 대하여 볼 것이요

지금은 내가 부분적으로 아나 그때에는 주께서 나를 아신 것같이 내가 온전히 알리라

그런즉 믿음, 소망, 사랑, 이 세 가지는 항상 있을 것인데 그 중의 제일은 사랑이라

(고전 13:1–13)

하나님이 세상을 이처럼 사랑하사 독생자를 주셨으니 이는 그를 믿는 자마다 멸망하지 않고 영생을 얻게 하려 하심이라

(요 3:16)

아버지께서 나를 사랑하신 것같이 나도 너희를 사랑하였으니 나의 사랑 안에 거하라

내가 아버지의 계명을 지켜 그의 사랑 안에 거하는 것같이 너희도 내 계명을 지키면 내 사랑 안에 거하리라

내가 이것을 너희에게 이름은 내 기쁨이 너희 안에 있어 너희 기쁨을 충만하게 하려 함이라

내 계명은 곧 내가 너희를 사랑한 것같이 너희도 서로 사랑하라 하는 이것이니라

(요 15:9–12)

하나님이 우리를 사랑하시는 사랑을 우리가 알고 믿었노니 하나님은 사랑이시라

사랑 안에 거하는 자는 하나님 안에 거하고 하나님도 그의 안에 거하시느니라

(요일 4:16)

포도의 비유
A parable of grapes

프란시스코 호세 데 고야 이 루치엔테스, 〈포도 수확〉, 1786~1787년, 캔버스에 유채, 프라도 미술관

네 재물과 네 소산물의 처음 익은 열매로 여호와를 공경하라
그리하면 네 창고가 가득히 차고 네 포도즙 틀에 새 포도즙이 넘치리라
(잠언 3:9-10)

사흘째 되던 날 갈릴리 가나에 혼례가 있어 예수의 어머니도 거기 계시고
예수와 그 제자들도 혼례에 청함을 받았더니
포도주가 떨어진지라 예수의 어머니가 예수에게 이르되 저들에게 포도주가 없다 하니
예수께서 이르시되 여자여 나와 무슨 상관이 있나이까 내 때가 아직 이르지 아니하였나이다
그의 어머니가 하인들에게 이르되 너희에게 무슨 말씀을 하시든지 그대로 하라 하니라
거기에 유대인의 정결 예식을 따라 두세 통 드는 돌항아리 여섯이 놓였는지라
예수께서 그들에게 이르시되 항아리에 물을 채우라 하신즉 아귀까지 채우니
이제는 떠서 연회장에게 갖다 주라 하시매 갖다 주었더니
연회장은 물로 된 포도주를 맛보고도 어디서 났는지 알지 못하되 물 떠온 하인들은 알더라 연회장이 신랑을 불러
말하되 사람마다 먼저 좋은 포도주를 내고 취한 후에 낮은 것을 내거늘 그대는 지금까지 좋은 포도주를 두었도다 하니라
예수께서 이 첫 표적을 갈릴리 가나에서 행하여 그의 영광을 나타내시매 제자들이 그를 믿으니라
그후에 예수께서 그 어머니와 형제들과 제자들과 함께 가버나움으로 내려가셨으나 거기에 여러 날 계시지는 아니하시니라
(요한복음 2:1-12)

나는 참포도나무요 내 아버지는 농부라
무릇 내게 붙어 있어 열매를 맺지 아니하는 가지는 아버지께서 그것을 제거해 버리시고
무릇 열매를 맺는 가지는 더 열매를 맺게 하려 하여 그것을 깨끗하게 하시느니라
너희는 내가 일러준 말로 이미 깨끗하여졌으니
내 안에 거하라 나도 너희 안에 거하리라 가지가 포도나무에 붙어 있지 아니하면 스스로 열매를 맺을 수 없음같이 너희도 내 안에 있지 아니하면 그러하리라
나는 포도나무요 너희는 가지라 그가 내 안에, 내가 그 안에 거하면 사람이 열매를 많이 맺나니 나를 떠나서는 너희가 아무것도 할 수 없음이라
사람이 내 안에 거하지 아니하면 가지처럼 밖에 버려져 마르나니 사람들이 그것을 모아다가 불에 던져 사르느니라
너희가 내 안에 거하고 내 말이 너희 안에 거하면 무엇이든지 원하는 대로 구하라 그리하면 이루리라
너희가 열매를 많이 맺으면 내 아버지께서 영광을 받으실 것이요 너희는 내 제자가 되리라
(요한복음 15:1-8)

한나님 말씀과 함께하는 미술태교 성경명화태교

장 프랑수아 밀레, 〈만종〉, 1858~1859년, 캔버스에 유채, 루브르 미술관

내가 곧 그들을 나의 성산으로 인도하여 기도하는 내 집에서 그들을 기쁘게 할 것이며 그들의 번제와 희생을 나의 제단에서 기꺼이 받게 되리니
이는 내 집은 만민이 기도하는 집이라 일컬음이 될 것임이라
(이사야 56:7)

모든 기도와 간구를 하되 항상 성령 안에서 기도하고 이를 위하여 깨어 구하기를 항상 힘쓰며 여러 성도를 위하여 구하라
(에베소서 6:18)

여호와는 악인을 멀리하시고 의인의 기도를 들으시느니라
(잠언 15:29)

너희를 저주하는 자를 위하여 축복하며 너희를 모욕하는 자를 위하여 기도하라
(누가복음 6:28)

너는 기도할 때에 네 골방에 들어가 문을 닫고 은밀한 중에 계신 네 아버지께 기도하라 은밀한 중에 보시는 네 아버지께서 갚으시리라
(마태복음 6:6)

너희가 기도할 때에 무엇이든지 믿고 구하는 것은 다 받으리라 하시니라
(마태복음 21:22)

두 사람이 기도하러 성전에 올라가니 하나는 바리새인이요 하나는 세리라
바리새인은 서서 따로 기도하여 이르되 하나님이여 나는 다른 사람들 곧 토색, 불의, 간음을 하는 자들과 같지 아니하고
이 세리와도 같지 아니함을 감사하나이다
나는 이레에 두 번씩 금식하고 또 소득의 십일조를 드리나이다 하고
세리는 멀리 서서 감히 눈을 들어 하늘을 쳐다보지도 못하고 다만 가슴을 치며 이르되 하나님이여 불쌍히 여기소서 나는 죄인이로소이다 하였느니라
내가 너희에게 이르노니 이에 저 바리새인이 아니고 이 사람이 의롭다 하심을 받고 그의 집으로 내려갔느니라
무릇 자기를 높이는 자는 낮아지고 자기를 낮추는 자는 높아지리라 하시니라
(누가복음 18:10~14)

복 있는 사람
The joys of those

폴 세잔, 〈마르느 강의 다리〉, 1888년경, 캔버스에 유채, 푸시킨 미술관

복 있는 사람은 악인들의 꾀를 따르지 아니하며 죄인들의 길에 서지 아니하며 오만한 자들의 자리에 앉지 아니하고
오직 여호와의 율법을 즐거워하여 그의 율법을 주야로 묵상하는도다
그는 시냇가에 심은 나무가 철을 따라 열매를 맺으며 그 잎사귀가 마르지 아니함 같으니 그가 하는 모든 일이 다 형통하리로다
악인들은 그렇지 아니함이여 오직 바람에 나는 겨와 같도다
그러므로 악인들은 심판을 견디지 못하며 죄인들이 의인들의 모임에 들지 못하리로다
무릇 의인들의 길은 여호와께서 인정하시나 악인들의 길은 망하리로다

(시편 1:1-6)

예수께서 무리를 보시고 산에 올라가 앉으시니 제자들이 나아온지라
입을 열어 가르쳐 이르시되
심령이 가난한 자는 복이 있나니 천국이 그들의 것임이요
애통하는 자는 복이 있나니 그들이 위로를 받을 것임이요
온유한 자는 복이 있나니 그들이 땅을 기업으로 받을 것임이요
의에 주리고 목마른 자는 복이 있나니 그들이 배부를 것임이요
긍휼히 여기는 자는 복이 있나니 그들이 긍휼히 여김을 받을 것임이요
마음이 청결한 자는 복이 있나니 그들이 하나님을 볼 것임이요
화평하게 하는 자는 복이 있나니 그들이 하나님의 아들이라 일컬음을 받을 것임이요
의를 위하여 박해를 받은 자는 복이 있나니 천국이 그들의 것이라
나로 말미암아 너희를 욕하고 박해하고 거짓으로 너희를 거슬러 모든 악한 말을 할 때에는 너희에게 복이 있나니
기뻐하고 즐거워하라 하늘에서 너희의 상이 큼이라 너희 전에 있던 선지자들도 이같이 박해하였느니라

(마태복음 5:1-12)

마지막으로 말하노니 너희가 다 마음을 같이하여 동정하며 형제를 사랑하며 불쌍히 여기며 겸손하며
악을 악으로, 욕을 욕으로 갚지 말고 도리어 복을 빌라 이를 위하여 너희가 부르심을 받았으니 이는 복을 이어받게 하려 하심이라

(베드로전서 3:8-9)

하나님 말씀과 함께 하는 미술 | 성경 명화 태교

재물을 다루는 방법
How to treat wealth

바실리 칸딘스키, 〈두 가닥의 검은 띠〉, 1930년, 보드지에 유채, 마아그 화랑

네가 이 세대에서 부한 자들을 명하여 마음을 높이지 말고 정함이 없는 재물에 소망을 두지 말고
오직 우리에게 모든 것을 후히 주사 누리게 하시는 하나님께 두며
선을 행하고 선한 사업을 많이 하고 나누어 주기를 좋아하며 너그러운 자가 되게 하라
이것이 장래에 자기를 위하여 좋은 터를 쌓아 참된 생명을 취하는 것이니라
(디모데전서 6:17-19)

지혜로운 자의 재물은 그의 면류관이요 미련한 자의 소유는 다만 미련한 것이니라
(잠언 14:24)

너희를 위하여 보물을 땅에 쌓아 두지 말라 거기는 좀과 동록이 해하며 도둑이 구멍을 뚫고 도둑질하느니라
오직 너희를 위하여 보물을 하늘에 쌓아 두라 거기는 좀이나 동록이 해하지 못하며 도둑이 구멍을 뚫지도 못하고 도둑질도 못하느니라
네 보물 있는 그 곳에는 네 마음도 있느니라
(마태복음 6:19-21)

흩어 구제하여도 더욱 부하게 되는 일이 있나니 과도히 아껴도 가난하게 될 뿐이니라
구제를 좋아하는 자는 풍족하여질 것이요 남을 윤택하게 하는 자는 자기도 윤택하여지리라
(잠언 11:24-25)

피차 사랑의 빚 외에는 아무에게든지 아무 빚도 지지 말라 남을 사랑하는 자는 율법을 다 이루었느니라
(로마서 13:8)

너는 사람과 더불어 손을 잡지 말며 남의 빚에 보증을 서지 말라
(잠언 22:26)

만군의 여호와가 이르노라 너희의 온전한 십일조를 창고에 들여 나의 집에 양식이 있게 하고 그것으로 나를 시험하여
내가 하늘 문을 열고 너희에게 복을 쌓을 곳이 없도록 붓지 아니하나 보라
(말라기 3:10)

그리스도께 순종
Obedience to Christ

오딜롱 르동, 〈성녀의 배〉, 1900년경, 보드지에 파스텔, 개인

하루는 제자들과 함께 배에 오르사 그들에게 이르시되 호수 저편으로 건너가자 하시매 이에 떠나
행선할 때에 예수께서 잠이 드셨더니 마침 광풍이 호수로 내리치매 배에 물이 가득하게 되어 위태한지라
제자들이 나아와 깨워 이르되 주여 주여 우리가 죽겠나이다 한대 예수께서 잠을 깨사 바람과 물결을 꾸짖으시니 이에 그쳐 잔잔하여지더라
제자들에게 이르시되 너희 믿음이 어디 있느냐 하시니 그들이 두려워하고 놀랍게 여겨
서로 말하되 그가 누구이기에 바람과 물을 명하매 순종하는가 하더라
(누가복음 8:22-25)

아버지께서 아들을 사랑하사 만물을 다 그의 손에 주셨으니
아들을 믿는 자에게는 영생이 있고 아들에게 순종하지 아니하는 자는 영생을 보지 못하고 도리어 하나님의 진노가 그 위에 머물러 있느니라
(요한복음 3:35-36)

나의 계명을 지키는 자라야 나를 사랑하는 자니 나를 사랑하는 자는 내 아버지께 사랑을 받을 것이요 나도 그를 사랑하여 그에게 나를 나타내리라
(요한복음 14:21)

그리스도를 경외함으로 피차 복종하라
(에베소서 5:21)

한 사람이 순종하지 아니함으로 많은 사람이 죄인 된 것같이 한 사람이 순종하심으로 많은 사람이 의인이 되리라
(로마서 5:19)

그가 아들이시면서도 받으신 고난으로 순종함을 배워서
온전하게 되셨은즉 자기에게 순종하는 모든 자에게 영원한 구원의 근원이 되시고
하나님께 멜기세덱의 반차를 따른 대제사장이라 칭하심을 받으셨느니라
(히브리서 5:8-10)

너희가 진리를 순종함으로 너희 영혼을 깨끗하게 하여 거짓이 없이 형제를 사랑하기에 이르렀으니 마음으로 뜨겁게 서로 사랑하라
(베드로전서 1:22)

성실
Faithfulness

귀스타브 쿠르베, 〈밀 터는 여인들〉, 1854년, 캔버스에 유채, 낭트 미술관

하나님은 사람이 아니시니 거짓말을 하지 않으시고 인생이 아니시니 후회가 없으시도다
어찌 그 말씀하신 바를 행하지 않으시며 하신 말씀을 실행하지 않으시랴
(민수기 23:19)

내가 주의 공의를 내 심중에 숨기지 아니하고 주의 성실과 구원을 선포하였으며 내가 주의 인자와 진리를 많은 회중 가운데에서 감추지 아니하였나이다
(시편 40:10)

내가 주를 바라오니 성실과 정직으로 나를 보호하소서
(시편 25:21)

나의 하나님이여 내가 또 비파로 주를 찬양하며 주의 성실을 찬양하리이다 이스라엘의 거룩하신 주여 내가 수금으로 주를 찬양하리이다
(시편 71:22)

지존자여 십현금과 비파와 수금으로 여호와께 감사하며 주의 이름을 찬양하고 아침마다 주의 인자하심을 알리며 밤마다 주의 성실하심을 베풂이 좋으니이다
(시편 92:1)

여호와는 선하시니 그의 인자하심이 영원하고 그의 성실하심이 대대에 이르리로다
(시편 100:5)

여호와여 주는 의로우시고 주의 판단은 옳으니이다
주께서 명령하신 증거들은 의롭고 지극히 성실하니이다
내 대적들이 주의 말씀을 잊어버렸으므로 내 열정이 나를 삼켰나이다
주의 말씀이 심히 순수하므로 주의 종이 이를 사랑하나이다
(시편 119:137-140)

정직한 자의 성실은 자기를 인도하거니와 사악한 자의 패역은 자기를 망하게 하느니라
(잠언 11:3)

가난하여도 성실하게 행하는 자는 부유하면서 굽게 행하는 자보다 나으니라
(잠언 28:6)

태초에 말씀이 계시니라 이 말씀이 하나님과 함께 계셨으니 이 말씀은 곧 하나님이시니라
(요한복음 1:1)

오직 강하고 극히 담대하여 나의 종 모세가 네게 명령한 그 율법을 다 지켜 행하고 우로나 좌로나 치우치지 말라 그리하면 어디로 가든지 형통하리니
이 율법책을 네 입에서 떠나지 말게 하며 주야로 그것을 묵상하여 그 안에 기록된 대로 다 지켜 행하라 그리하면 네 길이 평탄하게 될 것이며 네가 형통하리라
(여호수아 1:7-8)

너희가 거듭난 것은 썩어질 씨로 된 것이 아니요 썩지 아니할 씨로 된 것이니 살아 있고 항상 있는 하나님의 말씀으로 되었느니라
그러므로 모든 육체는 풀과 같고 그 모든 영광은 풀의 꽃과 같으니 풀은 마르고 꽃은 떨어지되
오직 주의 말씀은 세세토록 있도다 하였으니 너희에게 전한 복음이 곧 이 말씀이니라
(베드로전서 1:23-25)

모든 성경은 하나님의 감동으로 된 것으로 교훈과 책망과 바르게 함과 의로 교육하기에 유익하니
이는 하나님의 사람으로 온전하게 하며 모든 선한 일을 행할 능력을 갖추게 하려 함이라
(디모데후서 3:16-17)

너는 말씀을 전파하라 때를 얻든지 못 얻든지 항상 힘쓰라 범사에 오래 참음과 가르침으로 경책하며 경계하며 권하라
(디모데후서 4:2)

더러는 좋은 땅에 떨어지매 어떤 것은 백 배, 어떤 것은 육십 배, 어떤 것은 삼십 배의 결실을 하였느니라
(마태복음 13:8)

참 빛 곧 세상에 와서 각 사람에게 비추는 빛이 있었나니
그가 세상에 계셨으며 세상은 그로 말미암아 지은 바 되었으되 세상이 그를 알지 못하였고
자기 땅에 오매 자기 백성이 영접하지 아니하였으나
영접하는 자 곧 그 이름을 믿는 자들에게는 하나님의 자녀가 되는 권세를 주셨으니
이는 혈통으로나 육정으로나 사람의 뜻으로 나지 아니하고 오직 하나님께로부터 난 자들이니라
말씀이 육신이 되어 우리 가운데 거하시매 우리가 그의 영광을 보니 아버지의 독생자의 영광이요 은혜와 진리가 충만하더라
(요한복음 1:9-14)

창조
The creation

하나님이 이르시되 물들은 생물을 번성하게 하라 땅 위 하늘의 궁창에는 새가 날으라 하시고

하나님이 큰 바다 짐승들과 물에서 번성하여 움직이는 모든 생물을 그 종류대로, 날개 있는 모든 새를 그 종류대로 창조하시니 하나님이 보시기에 좋았더라

하나님이 그들에게 복을 주시며 이르시되 생육하고 번성하여 여러 바닷물에 충만하라 새들도 땅에 번성하라 하시니라

저녁이 되고 아침이 되니 이는 다섯째 날이니라

하나님이 이르시되 땅은 생물을 그 종류대로 내되 가축과 기는 것과 땅의 짐승을 종류대로 내라 하시니 그대로 되니라

하나님이 땅의 짐승을 그 종류대로, 가축을 그 종류대로, 땅에 기는 모든 것을 그 종류대로 만드시니 하나님이 보시기에 좋았더라

하나님이 이르시되 우리의 형상을 따라 우리의 모양대로 우리가 사람을 만들고

그들로 바다의 물고기와 하늘의 새와 가축과 온 땅과 땅에 기는 모든 것을 다스리게 하자 하시고

하나님이 자기 형상 곧 하나님의 형상대로 사람을 창조하시되 남자와 여자를 창조하시고

하나님이 그들에게 복을 주시며 하나님이 그들에게 이르시되 생육하고 번성하여 땅에 충만하라,

땅을 정복하라, 바다의 물고기와 하늘의 새와 땅에 움직이는 모든 생물을 다스리라 하시니라

하나님이 이르시되 내가 온 지면의 씨 맺는 모든 채소와 씨 가진 열매 맺는 모든 나무를 너희에게 주노니 너희의 먹을거리가 되리라

또 땅의 모든 짐승과 하늘의 모든 새와 생명이 있어 땅에 기는 모든 것에게는 내가 모든 푸른 풀을 먹을거리로 주노라 하시니 그대로 되니라

하나님이 지으신 그 모든 것을 보시니 보시기에 심히 좋았더라 저녁이 되고 아침이 되니 이는 여섯째 날이니라

(창세기 1:20-31)

여호와 하나님이 흙으로 각종 들짐승과 공중의 각종 새를 지으시고 아담이 무엇이라고 부르나 보시려고

그것들을 그에게로 이끌어 가시니 아담이 각 생물을 부르는 것이 곧 그 이름이 되었더라

아담이 모든 가축과 공중의 새와 들의 모든 짐승에게 이름을 주니라 아담이 돕는 배필이 없으므로

여호와 하나님이 아담을 깊이 잠들게 하시니 잠들매 그가 그 갈빗대 하나를 취하고 살로 대신 채우시고

여호와 하나님이 아담에게서 취하신 그 갈빗대로 여자를 만드시고 그를 아담에게로 이끌어 오시니

아담이 이르되 이는 내 뼈 중의 뼈요 살 중의 살이라 이것을 남자에게서 취하였은즉 여자라 부르리라 하니라

이러므로 남자가 부모를 떠나 그의 아내와 합하여 둘이 한 몸을 이룰지로다

아담과 그의 아내 두 사람이 벌거벗었으나 부끄러워하지 아니하니라

(창세기 2:19-25)

너희는 스스로 씻으며 스스로 깨끗하게 하여 내 목전에서 너희 악한 행실을 버리며 행악을 그치고
선행을 배우며 정의를 구하며 학대받는 자를 도와 주며 고아를 위하여 신원하며 과부를 위하여 변호하라 하셨느니라
(이사야 1:16–17)

오직 나그네를 대접하며 선행을 좋아하며 신중하며 의로우며 거룩하며 절제하며
미쁜 말씀의 가르침을 그대로 지켜야 하리니 이는 능히 바른 교훈으로 권면하고 거슬러 말하는 자들을 책망하게 하려 함이라
(디도서 1:8–9)

가난한 자를 불쌍히 여기는 것은 여호와께 꾸어 드리는 것이니 그의 선행을 그에게 갚아 주시리라
(잠언 19:17)

너희 중에 지혜와 총명이 있는 자가 누구냐 그는 선행으로 말미암아 지혜의 온유함으로 그 행함을 보일지니라
(야고보서 3:13)

선한 양심을 가지라 이는 그리스도 안에 있는 너희의 선행을 욕하는 자들로 그 비방하는 일에 부끄러움을 당하게 하려 함이라
(베드로전서 3:16)

너희는 세상의 소금이니 소금이 만일 그 맛을 잃으면 무엇으로 짜게 하리요 후에는 아무 쓸데 없어 다만 밖에 버려져 사람에게 밟힐 뿐이니라
너희는 세상의 빛이라 산 위에 있는 동네가 숨겨지지 못할 것이요
사람이 등불을 켜서 말 아래에 두지 아니하고 등경 위에 두나니 이러므로 집 안 모든 사람에게 비치느니라
이같이 너희 빛이 사람 앞에 비치게 하여 그들로 너희 착한 행실을 보고 하늘에 계신 너희 아버지께 영광을 돌리게 하라
(마태복음 5:13–16)

우리가 선을 행하되 낙심하지 말지니 포기하지 아니하면 때가 이르매 거두리라
그러므로 우리는 기회 있는 대로 모든 이에게 착한 일을 하되 더욱 믿음의 가정들에게 할지니라
(갈라디아서 6:9–10)

구원
Salvation

산드로 보티첼리, 〈신비로운 탄생〉, 1500년경, 템페라, 내셔널 갤러리

긍휼이 풍성하신 하나님이 우리를 사랑하신 그 큰 사랑을 인하여
허물로 죽은 우리를 그리스도와 함께 살리셨고 (너희는 은혜로 구원을 받은 것이라)
또 함께 일으키사 그리스도 예수 안에서 함께 하늘에 앉히시니
이는 그리스도 예수 안에서 우리에게 자비하심으로써 그 은혜의 지극히 풍성함을 오는 여러 세대에 나타내려 하심이라
너희는 그 은혜에 의하여 믿음으로 말미암아 구원을 받았으니 이것은 너희에게서 난 것이 아니요 하나님의 선물이라
행위에서 난 것이 아니니 이는 누구든지 자랑하지 못하게 함이라
우리는 그가 만드신 바라 그리스도 예수 안에서 선한 일을 위하여 지으심을 받은 자니
이 일은 하나님이 전에 예비하사 우리로 그 가운데서 행하게 하려 하심이니라

(에베소서 2:4-10)

구원의 투구와 성령의 검 곧 하나님의 말씀을 가지라

(에베소서 6:17)

누구든지 제 목숨을 구원하고자 하면 잃을 것이요 누구든지 나를 위하여 제 목숨을 잃으면 구원하리라

(누가복음 9:24)

열두 해 동안이나 혈루증으로 앓는 여자가 예수의 뒤로 와서 그 겉옷 가를 만지니
이는 제 마음에 그 겉옷만 만져도 구원을 받겠다 함이라
예수께서 돌이켜 그를 보시며 이르시되 딸아 안심하라 네 믿음이 너를 구원하였다 하시니 여자가 그 즉시 구원을 받으니라

(마태복음 9:20-22)

이 예수는 너희 건축자들의 버린 돌로서 집 모퉁이의 머릿돌이 되었느니라
다른 이로써는 구원을 받을 수 없나니 천하 사람 중에 구원을 받을 만한 다른 이름을 우리에게 주신 일이 없음이라 하였더라

(사도행전 4:11-12)

누구든지 주의 이름을 부르는 자는 구원을 받으리라

(로마서 10:13)

주님을 영접하는 시간
The time when you greet the Lord

바실리 칸딘스키, 〈다리〉, 1931년, 보드지에 유채, 개인

영접하는 자 곧 그 이름을 믿는 자들에게는 하나님의 자녀가 되는 권세를 주셨으니
이는 혈통으로나 육정으로나 사람의 뜻으로 나지 아니하고 오직 하나님께로부터 난 자들이니라
(요한복음 1:12-13)

볼지어다 내가 문밖에 서서 두드리노니 누구든지 내 음성을 듣고 문을 열면 내가 그에게로 들어가 그와 더불어 먹고 그는 나와 더불어 먹으리라
(요한계시록 3:20)

너희를 영접하는 자는 나를 영접하는 것이요 나를 영접하는 자는 나를 보내신 이를 영접하는 것이니라
선지자의 이름으로 선지자를 영접하는 자는 선지자의 상을 받을 것이요 의인의 이름으로 의인을 영접하는 자는 의인의 상을 받을 것이요
또 누구든지 제자의 이름으로 이 작은 자 중 하나에게 냉수 한 그릇이라도 주는 자는
내가 진실로 너희에게 이르노니 그 사람이 결단코 상을 잃지 아니하리라 하시니라
(마태복음 10:40-42)

손님 대접하기를 잊지 말라 이로써 부지중에 천사들을 대접한 이들이 있었느니라
(히브리서 13:2)

남에게 대접을 받고자 하는 대로 너희도 남을 대접하라
(누가복음 6:31)

어느 동네에 들어가든지 너희를 영접하거든 너희 앞에 차려놓는 것을 먹고
거기 있는 병자들을 고치고 또 말하기를 하나님의 나라가 너희에게 가까이 왔다 하라
어느 동네에 들어가든지 너희를 영접하지 아니하거든 그 거리로 나와서 말하되
너희 동네에서 우리 발에 묻은 먼지도 너희에게 떨어버리노라 그러나 하나님의 나라가 가까이 온 줄을 알라 하라
(누가복음 10:8-11)

내 아버지 집에 거할 곳이 많도다 그렇지 않으면 너희에게 일렀으리라 내가 너희를 위하여 거처를 예비하러 가노니
가서 너희를 위하여 거처를 예비하면 내가 다시 와서 너희를 내게로 영접하여 나 있는 곳에 너희도 있게 하리라
(요한복음 14:2-3)

성령님은 누구신가?
Who is the Holy Spirit?

바실리 칸딘스키, 〈노랑 빨강 파랑〉, 1925년, 캔버스에 유채, 조르주 퐁피두센터

오직 성령의 열매는 사랑과 희락과 화평과 오래 참음과 자비와 양선과 충성과
온유와 절제니 이같은 것을 금지할 법이 없느니라
그리스도 예수의 사람들은 육체와 함께 그 정욕과 탐심을 십자가에 못 박았느니라
만일 우리가 성령으로 살면 또한 성령으로 행할지니
헛된 영광을 구하여 서로 노엽게 하거나 서로 투기하지 말지니라
(갈라디아서 5:22-26)

은사는 여러 가지나 성령은 같고
직분은 여러 가지나 주는 같으며
또 사역은 여러 가지나 모든 것을 모든 사람 가운데서 이루시는 하나님은 같으니
각 사람에게 성령을 나타내심은 유익하게 하려 하심이라
어떤 사람에게는 성령으로 말미암아 지혜의 말씀을, 어떤 사람에게는 같은 성령을 따라 지식의 말씀을,
다른 사람에게는 같은 성령으로 믿음을, 어떤 사람에게는 한 성령으로 병 고치는 은사를,
어떤 사람에게는 능력 행함을, 어떤 사람에게는 예언함을, 어떤 사람에게는 영들 분별함을,
다른 사람에게는 각종 방언 말함을, 어떤 사람에게는 방언들 통역함을 주시나니
이 모든 일은 같은 한 성령이 행하사 그의 뜻대로 각 사람에게 나누어 주시는 것이니라
(고린도전서 12:4-11)

마음을 살피시는 이가 성령의 생각을 아시나니 이는 성령이 하나님의 뜻대로 성도를 위하여 간구하심이니라
(로마서 8:27)

사람의 일을 사람의 속에 있는 영 외에 누가 알리요 이와 같이 하나님의 일도 하나님의 영 외에는 아무도 알지 못하느니라
우리가 세상의 영을 받지 아니하고 오직 하나님으로부터 온 영을 받았으니 이는 우리로 하여금 하나님께서 우리에게 은혜로 주신 것들을 알게 하려 하심이라
우리가 이것을 말하거니와 사람의 지혜가 가르친 말로 아니하고 오직 성령께서 가르치신 것으로 하니 영적인 일은 영적인 것으로 분별하느니라
육에 속한 사람은 하나님의 성령의 일들을 받지 아니하나니 이는 그것들이 그에게는 어리석게 보임이요,
또 그는 그것들을 알 수도 없나니 그러한 일은 영적으로 분별되기 때문이라
신령한 자는 모든 것을 판단하나 자기는 아무에게도 판단을 받지 아니하느니라
누가 주의 마음을 알아서 주를 가르치겠느냐 그러나 우리가 그리스도의 마음을 가졌느니라
(고린도전서 2:11-16)

파울 클레, 〈북방의 꽃들의 하모니〉, 1927년, 보드지에 초오크 바탕, 파울 클레

너는 진리의 말씀을 옳게 분별하며 부끄러울 것이 없는 일꾼으로 인정된 자로 자신을 하나님 앞에 드리기를 힘쓰라
(디모데후서 2:15)

네가 네 하나님 여호와의 말씀을 삼가 듣고 내가 오늘 네게 명령하는 그의 모든 명령을 지켜 행하면
네 하나님 여호와께서 너를 세계 모든 민족 위에 뛰어나게 하실 것이라
(신명기 28:1)

하나님이 우리를 구원하사 거룩하신 소명으로 부르심은 우리의 행위대로 하심이 아니요
오직 자기의 뜻과 영원 전부터 그리스도 예수 안에서 우리에게 주신 은혜대로 하심이라
(디모데후서 1:9)

예수께서 열두 제자를 불러 모으사 모든 귀신을 제어하며 병을 고치는 능력과 권위를 주시고
하나님의 나라를 전파하며 앓는 자를 고치게 하려고 내보내시며
이르시되 여행을 위하여 아무 것도 가지지 말라 지팡이나 배낭이나 양식이나 돈이나 두 벌 옷을 가지지 말며
어느 집에 들어가든지 거기서 머물다가 거기서 떠나라
(누가복음 9:1-4)

이르시되 추수할 것은 많되 일꾼이 적으니 그러므로 추수하는 주인에게 청하여 추수할 일꾼들을 보내 주소서 하라
(누가복음 10:2)

오직 성령이 너희에게 임하시면 너희가 권능을 받고 예루살렘과 온 유대와 사마리아와 땅 끝까지 이르러 내 증인이 되리라 하시니라
(사도행전 1:8)

그러므로 너희는 가서 모든 민족을 제자로 삼아 아버지와 아들과 성령의 이름으로 세례를 베풀고
내가 너희에게 분부한 모든 것을 가르쳐 지키게 하라 볼지어다 내가 세상 끝날까지 너희와 항상 함께 있으리라 하시니라
(마태복음 28:19-20)

여호와께서는 자기 백성을 기뻐하시며 겸손한 자를 구원으로 아름답게 하심이로다
(시편 149:4)

겸손한 자는 먹고 배부를 것이며 여호와를 찾는 자는 그를 찬송할 것이라 너희 마음은 영원히 살지어다
(시편 22:26)

젊은 자들아 이와 같이 장로들에게 순종하고 다 서로 겸손으로 허리를 동이라 하나님은 교만한 자를 대적하시되 겸손한 자들에게는 은혜를 주시느니라
그러므로 하나님의 능하신 손 아래에서 겸손하라 때가 되면 너희를 높이시리라
(베드로전서 5:5–6)

교만이 오면 욕도 오거니와 겸손한 자에게는 지혜가 있느니라
(잠언 11:2)

여호와께서 겸손한 자들은 붙드시고 악인들은 땅에 엎드러뜨리시는도다
(시편 147:6)

그러므로 그리스도 안에 무슨 권면이나 사랑의 무슨 위로나 성령의 무슨 교제나 긍휼이나 자비가 있거든
마음을 같이하여 같은 사랑을 가지고 뜻을 합하며 한마음을 품어
아무 일에든지 다툼이나 허영으로 하지 말고 오직 겸손한 마음으로 각각 자기보다 남을 낮게 여기고
각각 자기 일을 돌볼뿐더러 또한 각각 다른 사람들의 일을 돌보아 나의 기쁨을 충만하게 하라
(빌립보서 2:1–4)

시온의 딸아 크게 기뻐할지어다 예루살렘의 딸아 즐거이 부를지어다
보라 네 왕이 네게 임하시나니 그는 공의로우시며 구원을 베푸시며 겸손하여서 나귀를 타시나니 나귀의 작은 것 곧 나귀 새끼니라
(스가랴 9:9)

누구든지 자기를 높이는 자는 낮아지고 누구든지 자기를 낮추는 자는 높아지리라
(마태복음 23:12)

순결
Purity

여호와의 교훈은 정직하여 마음을 기쁘게 하고 여호와의 계명은 순결하여 눈을 밝게 하시도다
(시편 19:8)

갓난 아기들같이 순전하고 신령한 젖을 사모하라 이는 그로 말미암아 너희로 구원에 이르도록 자라게 하려 함이라
(베드로전서 2:2)

보라 내가 너희를 보냄이 양을 이리 가운데로 보냄과 같도다 그러므로 너희는 뱀같이 지혜롭고 비둘기같이 순결하라
(마태복음 10:16)

낮에와 같이 단정히 행하고 방탕하거나 술 취하지 말며 음란하거나 호색하지 말며 다투거나 시기하지 말고
오직 주 예수 그리스도로 옷 입고 정욕을 위하여 육신의 일을 도모하지 말라
(로마서 13:13-14)

또한 너는 청년의 정욕을 피하고 주를 깨끗한 마음으로 부르는 자들과 함께 의와 믿음과 사랑과 화평을 따르라
(디모데후서 2:22)

깨끗한 자들에게는 모든 것이 깨끗하나 더럽고 믿지 아니하는 자들에게는 아무 것도 깨끗한 것이 없고 오직 그들의 마음과 양심이 더러운지라
(디도서 1:15)

그런즉 사랑하는 자들아 이 약속을 가진 우리는 하나님을 두려워하는 가운데서 거룩함을 온전히 이루어 육과 영의 온갖 더러운 것에서 자신을 깨끗하게 하자
(고린도후서 7:1)

그러므로 너희 마음의 허리를 동이고 근신하여 예수 그리스도께서 나타나실 때에 너희에게 가져다 주실 은혜를 온전히 바랄지어다
너희가 순종하는 자식처럼 전에 알지 못할 때에 따르던 너희 사욕을 본받지 말고
오직 너희를 부르신 거룩한 이처럼 너희도 모든 행실에 거룩한 자가 되라
기록되었으되 내가 거룩하니 너희도 거룩할지어다 하셨느니라
(베드로전서 1:13-16)

하나님 말씀과 함께 하는 미술 태교
성경명화태교

정직
Honesty

의인의 길은 정직함이여 정직하신 주께서 의인의 첩경을 평탄하게 하시도다
(이사야 26:7)

여호와의 도가 정직한 자에게는 산성이요 행악하는 자에게는 멸망이니라
(잠언 10:29)

정직하게 행하는 자는 여호와를 경외하여도 패역하게 행하는 자는 여호와를 경멸하느니라
(잠언 14:2)

거짓 증인은 벌을 면하지 못할 것이요 거짓말을 하는 자도 피하지 못하리라
(잠언 19:5)

만일 네 입술이 정직을 말하면 내 속이 유쾌하리라
(잠언 23:16)

악한 자의 집은 망하겠고 정직한 자의 장막은 흥하리라
(잠언 14:11)

의인을 벌하는 것과 귀인을 정직하다고 때리는 것은 선하지 못하니라
(잠언 17:26)

악을 떠나는 것은 정직한 사람의 대로이니 자기의 길을 지키는 자는 자기의 영혼을 보전하느니라
(잠언 16:17)

비록 아이라도 자기의 동작으로 자기 품행이 청결한 여부와 정직한 여부를 나타내느니라
(잠언 20:11)

사람의 행위가 자기 보기에는 모두 정직하여도 여호와는 마음을 감찰하시느니라
(잠언 21:2)

주님의 평안
His peace

장 밥티스트 카미유 코로, 〈나르니의 다리〉, 1826~1827년, 캔버스에 유채, 내셔널 갤러리

너희는 기쁨으로 나아가며 평안히 인도함을 받을 것이요 산들과 언덕들이 너희 앞에서 노래를 발하고 들의 모든 나무가 손뼉을 칠 것이며
잣나무는 가시나무를 대신하여 나며 화석류는 찔레를 대신하여 날 것이라 이것이 여호와의 기념이 되며 영영한 표징이 되어 끊어지지 아니하리라

(이사야 55:12-13)

평안의 매는 줄로 성령이 하나 되게 하신 것을 힘써 지키라

(에베소서 4:3)

너희 염려를 다 주께 맡기라 이는 그가 너희를 돌보심이라

(베드로전서 5:7)

평안을 너희에게 끼치노니 곧 나의 평안을 너희에게 주노라 내가 너희에게 주는 것은 세상이 주는 것과 같지 아니하니라
너희는 마음에 근심하지도 말고 두려워하지도 말라

(요한복음 14:27)

좋은 소식을 전하며 평화를 공포하며 복된 좋은 소식을 가져오며 구원을 공포하며
시온을 향하여 이르기를 네 하나님이 통치하신다 하는 자의 산을 넘는 발이 어찌 그리 아름다운가

(이사야 52:7)

그의 십자가의 피로 화평을 이루사 만물 곧 땅에 있는 것들이나 하늘에 있는 것들이 그로 말미암아 자기와 화목하게 되기를 기뻐하심이라

(골로새서 1:20)

공의의 열매는 화평이요 공의의 결과는 영원한 평안과 안전이라

(이사야 32:17)

예루살렘을 위하여 평안을 구하라 예루살렘을 사랑하는 자는 형통하리로다

(시편 122:6)

네 자식을 징계하라 그리하면 그가 너를 평안하게 하겠고 또 네 마음에 기쁨을 주리라

(잠언 29:17)

목자와 양
The shepherd and sheep

여호와는 나의 목자시니 내게 부족함이 없으리로다
그가 나를 푸른 풀밭에 누이시며 쉴 만한 물가로 인도하시는도다
내 영혼을 소생시키시고 자기 이름을 위하여 의의 길로 인도하시는도다
내가 사망의 음침한 골짜기로 다닐지라도 해를 두려워하지 않을 것은 주께서 나와 함께하심이라 주의 지팡이와 막대기가 나를 안위하시나이다
주께서 내 원수의 목전에서 내게 상을 차려 주시고 기름을 내 머리에 부으셨으니 내 잔이 넘치나이다
내 평생에 선하심과 인자하심이 반드시 나를 따르리니 내가 여호와의 집에 영원히 살리로다

(시편 23:1-6)

주 여호와께서 이같이 말씀하셨느니라 나 곧 내가 내 양을 찾고 찾되 목자가 양 가운데에 있는 날에 양이 흩어졌으면 그 떼를 찾는 것같이
내가 내 양을 찾아서 흐리고 캄캄한 날에 그 흩어진 모든 곳에서 그것들을 건져낼지라

(에스겔 34:11-12)

내가 진실로 진실로 너희에게 이르노니 문을 통하여 양의 우리에 들어가지 아니하고 다른 데로 넘어가는 자는 절도며 강도요
문으로 들어가는 이는 양의 목자라
문지기는 그를 위하여 문을 열고 양은 그의 음성을 듣나니 그가 자기 양의 이름을 각각 불러 인도하여 내느니라
자기 양을 다 내놓은 후에 앞서가면 양들이 그의 음성을 아는 고로 따라오되
타인의 음성은 알지 못하는 고로 타인을 따르지 아니하고 도리어 도망하느니라
예수께서 이 비유로 그들에게 말씀하셨으나 그들은 그가 하신 말씀이 무엇인지 알지 못하니라
그러므로 예수께서 다시 이르시되 내가 진실로 진실로 너희에게 말하노니 나는 양의 문이라
나보다 먼저 온 자는 다 절도요 강도니 양들이 듣지 아니하였느니라
내가 문이니 누구든지 나로 말미암아 들어가면 구원을 받고 또는 들어가며 나오며 꼴을 얻으리라

(요한복음 10:1-9)

우리는 다 양 같아서 그릇 행하여 각기 제 길로 갔거늘 여호와께서는 우리 모두의 죄악을 그에게 담당시키셨도다
그가 곤욕을 당하여 괴로울 때에도 그의 입을 열지 아니하였음이여
마치 도수장으로 끌려가는 어린 양과 털 깎는 자 앞에서 잠잠한 양같이 그의 입을 열지 아니하였도다

(이사야 53:6-7)

기쁨
The joy

프란시스코 고야, 〈성가족〉, 1780~1785년, 캔버스에 유채, 프라도 미술관

항상 기뻐하라
쉬지 말고 기도하라
범사에 감사하라 이것이 그리스도 예수 안에서 너희를 향하신 하나님의 뜻이니라
(데살로니가전서 5:16-18)

눈물을 흘리며 씨를 뿌리는 자는 기쁨으로 거두리로다
울며 씨를 뿌리러 나가는 자는 반드시 기쁨으로 그 곡식 단을 가지고 돌아오리로다
(시편 126:5-6)

어떤 여자가 열 드라크마가 있는데 하나를 잃으면 등불을 켜고 집을 쓸며 찾아내기까지 부지런히 찾지 아니하겠느냐
또 찾아낸즉 벗과 이웃을 불러 모으고 말하되 나와 함께 즐기자 잃은 드라크마를 찾아내었노라 하리라
내가 너희에게 이르노니 이와 같이 죄인 한 사람이 회개하면 하나님의 사자들 앞에 기쁨이 되느니라
(누가복음 15:8-10)

그 지역에 목자들이 밤에 밖에서 자기 양 떼를 지키더니
주의 사자가 곁에 서고 주의 영광이 그들을 두루 비추매 크게 무서워하는지라
천사가 이르되 무서워하지 말라 보라 내가 온 백성에게 미칠 큰 기쁨의 좋은 소식을 너희에게 전하노라
오늘 다윗의 동네에 너희를 위하여 구주가 나셨으니 곧 그리스도 주시니라
너희가 가서 강보에 싸여 구유에 뉘어 있는 아기를 보리니 이것이 너희에게 표적이니라 하더니
홀연히 수많은 천군이 그 천사와 함께 하나님을 찬송하여 이르되
지극히 높은 곳에서는 하나님께 영광이요 땅에서는 하나님이 기뻐하신 사람들 중에 평화로다 하니라
(누가복음 2:8-14)

여자가 해산하게 되면 그때가 이르렀으므로 근심하나 아기를 낳으면 세상에 사람 난 기쁨으로 말미암아 그 고통을 다시 기억하지 아니하느니라
지금은 너희가 근심하나 내가 다시 너희를 보리니 너희 마음이 기쁠 것이요 너희 기쁨을 빼앗을 자가 없으리라
그날에는 너희가 아무것도 내게 묻지 아니하리라 내가 진실로 진실로 너희에게 이르노니 너희가 무엇이든지 아버지께 구하는 것을 내 이름으로 주시리라
지금까지는 너희가 내 이름으로 아무것도 구하지 아니하였으나 구하라 그리하면 받으리니 너희 기쁨이 충만하리라
(요한복음 16:21-24)

하나님의 나라
The kingdom of God

알프레드 시슬레, 〈라 셀=생=클루의 밤나뭇길〉, 1865년, 캔버스에 유채, 프티 팔레 미술관

하나님의 나라는 먹는 것과 마시는 것이 아니요 오직 성령 안에 있는 의와 평강과 희락이라

(로마서 14:17)

하나님의 나라는 말에 있지 아니하고 오직 능력에 있음이라

(고린도전서 4:20)

또 이르시되 하나님의 나라는 사람이 씨를 땅에 뿌림과 같으니
그가 밤낮 자고 깨고 하는 중에 씨가 나서 자라되 어떻게 그리 되는지를 알지 못하느니라
땅이 스스로 열매를 맺되 처음에는 싹이요 다음에는 이삭이요 그 다음에는 이삭에 충실한 곡식이라
열매가 익으면 곧 낫을 대나니 이는 추수 때가 이르렀음이라
또 이르시되 우리가 하나님의 나라를 어떻게 비교하며 또 무슨 비유로 나타낼까
겨자씨 한 알과 같으니 땅에 심길 때에는 땅 위의 모든 씨보다 작은 것이로되
심긴 후에는 자라서 모든 풀보다 커지며 큰 가지를 내나니 공중의 새들이 그 그늘에 깃들일 만큼 되느니라

(마가복음 4:26-32)

바리새인들이 하나님의 나라가 어느 때에 임하나이까 묻거늘 예수께서 대답하여 이르시되 하나님의 나라는 볼 수 있게 임하는 것이 아니요
또 여기 있다 저기 있다고도 못하리니 하나님의 나라는 너희 안에 있느니라

(누가복음 17:20-21)

천국은 마치 밭에 감추인 보화와 같으니 사람이 이를 발견한 후 숨겨 두고 기뻐하며 돌아가서 자기의 소유를 다 팔아 그 밭을 사느니라
또 천국은 마치 좋은 진주를 구하는 장사와 같으니
극히 값진 진주 하나를 발견하매 가서 자기의 소유를 다 팔아 그 진주를 사느니라
또 천국은 마치 바다에 치고 각종 물고기를 모는 그물과 같으니
그물에 가득하매 물가로 끌어내고 앉아서 좋은 것은 그릇에 담고 못된 것은 내버리느니라

(마태복음 13:44-48)

이르시되 내가 진실로 너희에게 이르노니 하나님의 나라를 위하여 집이나 아내나 형제나 부모나 자녀를 버린 자는
현세에 여러 배를 받고 내세에 영생을 받지 못할 자가 없느니라 하시니라

(누가복음 18:29-30)

교회
The church

장 프랑수아 밀레, 〈그레빌의 교회〉, 1871~1874년, 캔버스에 유채, 오르쉐 미술관

그의 능력이 그리스도 안에서 역사하사 죽은 자들 가운데서 다시 살리시고 하늘에서 자기의 오른편에 앉히사

모든 통치와 권세와 능력과 주권과 이 세상뿐 아니라 오는 세상에 일컫는 모든 이름 위에 뛰어나게 하시고

또 만물을 그의 발 아래에 복종하게 하시고 그를 만물 위에 교회의 머리로 삼으셨느니라

교회는 그의 몸이니 만물 안에서 만물을 충만하게 하시는 이의 충만함이니라

(에베소서 1:20-23)

나 예수는 교회들을 위하여 내 사자를 보내어 이것들을 너희에게 증언하게 하였노라 나는 다윗의 뿌리요 자손이니 곧 광명한 새벽 별이라 하시더라

성령과 신부가 말씀하시기를 오라 하시는도다 듣는 자도 오라 할 것이요 목마른 자도 올 것이요 또 원하는 자는 값없이 생명수를 받으라 하시더라

(요한계시록 22:16-17)

귀 있는 자는 성령이 교회들에게 하시는 말씀을 들을지어다 이기는 그에게는 내가 하나님의 낙원에 있는 생명나무의 열매를 주어 먹게 하리라

(요한계시록 2:7)

너희는 그리스도의 몸이요 지체의 각 부분이라

하나님이 교회 중에 몇을 세우셨으니 첫째는 사도요 둘째는 선지자요 셋째는 교사요

그 다음은 능력을 행하는 자요 그 다음은 병 고치는 은사와 서로 돕는 것과

다스리는 것과 각종 방언을 말하는 것이라

(고린도전서 12:27-28)

아내들이여 자기 남편에게 복종하기를 주께 하듯 하라

이는 남편이 아내의 머리 됨이 그리스도께서 교회의 머리 됨과 같음이니 그가 바로 몸의 구주시니라

그러므로 교회가 그리스도에게 하듯 아내들도 범사에 자기 남편에게 복종할지니라

남편들아 아내 사랑하기를 그리스도께서 교회를 사랑하시고 그 교회를 위하여 자신을 주심같이 하라

이는 곧 물로 씻어 말씀으로 깨끗하게 하사 거룩하게 하시고 자기 앞에 영광스러운 교회로 세우사 티나 주름 잡힌 것이나

이런 것들이 없이 거룩하고 흠이 없게 하려 하심이라

이와 같이 남편들도 자기 아내 사랑하기를 자기 자신과 같이 할지니 자기 아내를 사랑하는 자는 자기를 사랑하는 것이라

누구든지 언제나 자기 육체를 미워하지 않고 오직 양육하여 보호하기를 그리스도께서 교회에게 함과 같이 하나니 우리는 그 몸의 지체임이라

(에베소서 5:22-30)

교제
Fellowship

폴 세잔, 〈흑과 백의 정물〉, 1871~1872년, 캔버스에 유채, 인상파 미술관

그들이 사도의 가르침을 받아 서로 교제하고 떡을 떼며 오로지 기도하기를 힘쓰니라
사람마다 두려워하는데 사도들로 말미암아 기사와 표적이 많이 나타나니 믿는 사람이 다 함께 있어 모든 물건을 서로 통용하고
또 재산과 소유를 팔아 각 사람의 필요를 따라 나눠 주며
날마다 마음을 같이하여 성전에 모이기를 힘쓰고 집에서 떡을 떼며 기쁨과 순전한 마음으로 음식을 먹고
하나님을 찬미하며 또 온 백성에게 칭송을 받으니 주께서 구원받는 사람을 날마다 더하게 하시니라
(사도행전 2:42-47)

진실로 너희에게 이르노니 무엇이든지 너희가 땅에서 매면 하늘에서도 매일 것이요 무엇이든지 땅에서 풀면 하늘에서도 풀리리라
진실로 다시 너희에게 이르노니 너희 중의 두 사람이 땅에서 합심하여 무엇이든지 구하면 하늘에 계신 내 아버지께서 그들을 위하여 이루게 하시리라
두세 사람이 내 이름으로 모인 곳에는 나도 그들 중에 있느니라
(마태복음 18:18-20)

서로 돌아보아 사랑과 선행을 격려하며
모이기를 폐하는 어떤 사람들의 습관과 같이 하지 말고 오직 권하여 그날이 가까움을 볼수록 더욱 그리하자
(히브리서 10:24-25)

내가 항상 내 하나님께 감사하고 기도할 때에 너를 말함은
주 예수와 및 모든 성도에 대한 네 사랑과 믿음이 있음을 들음이니
이로써 네 믿음의 교제가 우리 가운데 있는 선을 알게 하고 그리스도께 이르도록 역사하느니라
(빌레몬서 1:4-6)

그러므로 그리스도 안에 무슨 권면이나 사랑의 무슨 위로나 성령의 무슨 교제나 긍휼이나 자비가 있거든
마음을 같이하여 같은 사랑을 가지고 뜻을 합하며 한마음을 품어
아무 일에든지 다툼이나 허영으로 하지 말고 오직 겸손한 마음으로 각각 자기보다 남을 낫게 여기고
각각 자기 일을 돌볼뿐더러 또한 각각 다른 사람들의 일을 돌보아 나의 기쁨을 충만하게 하라
(빌립보서 2:1-4)

PAINT COLOR

II. 명화 태교 색칠하기

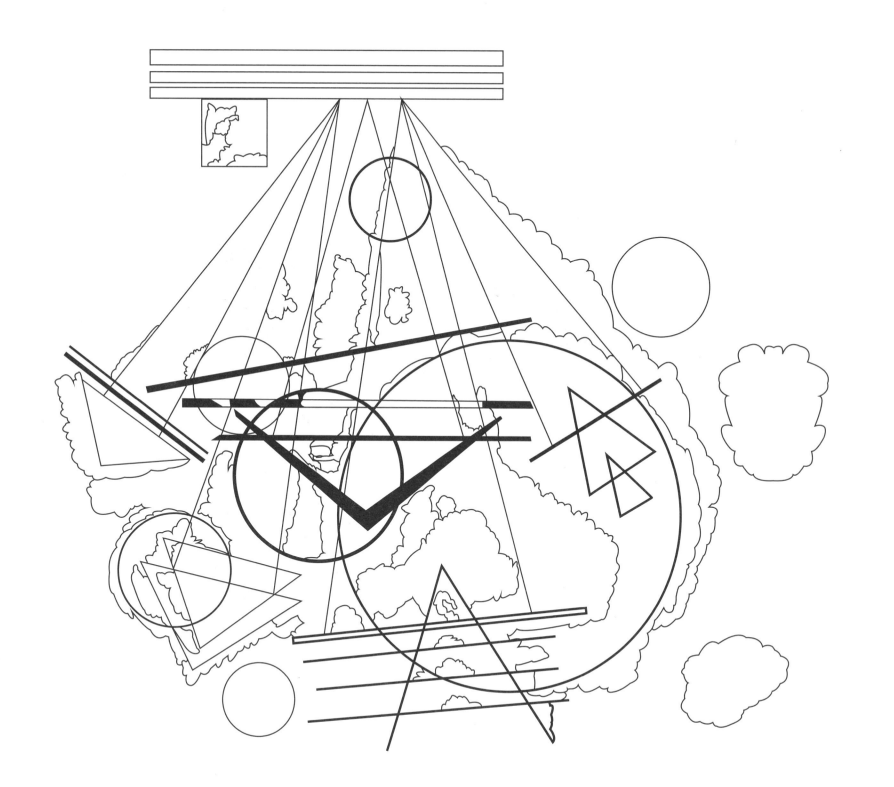

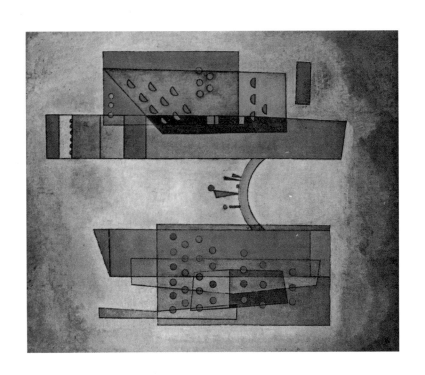

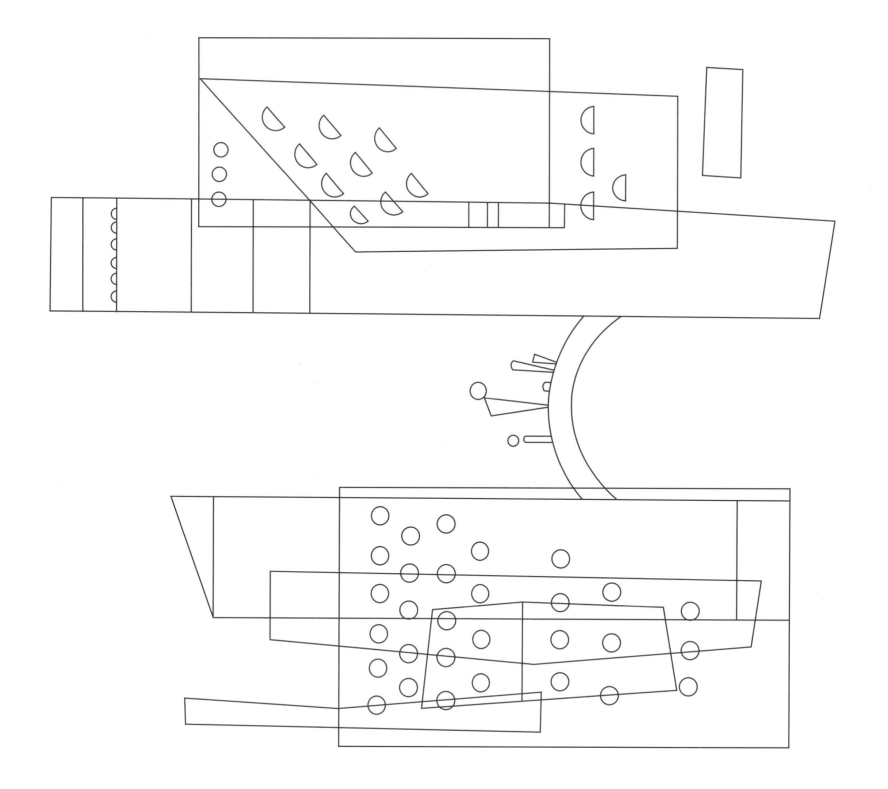

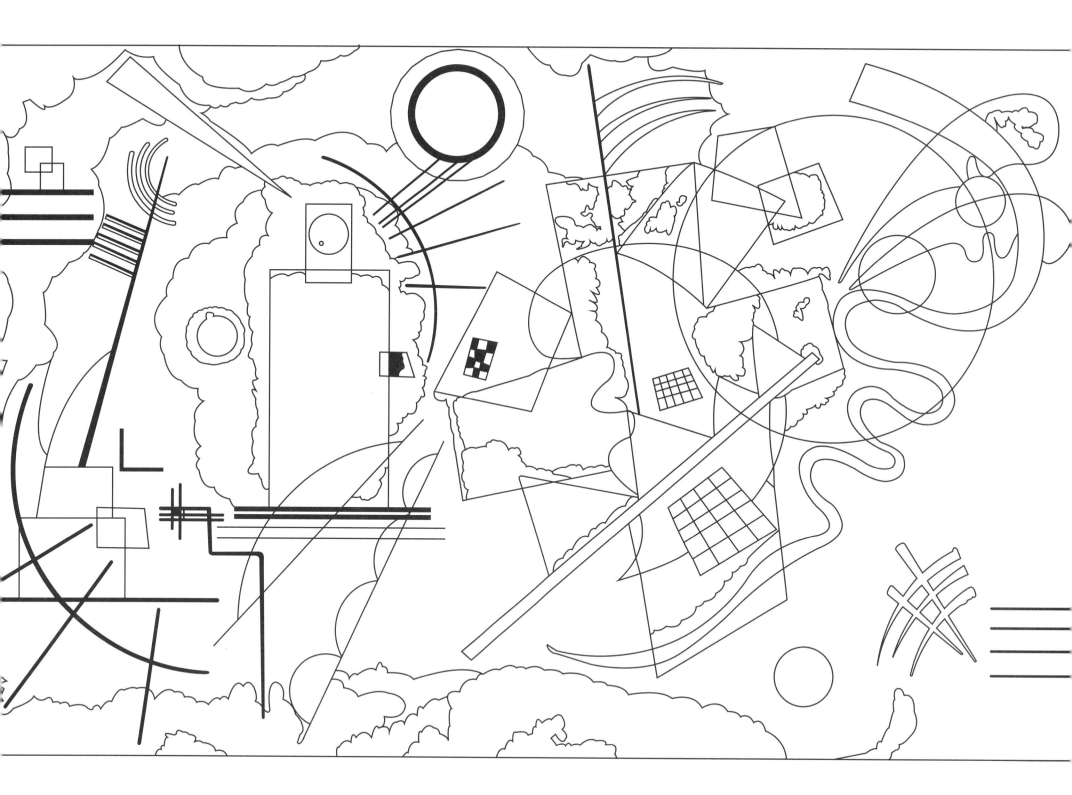

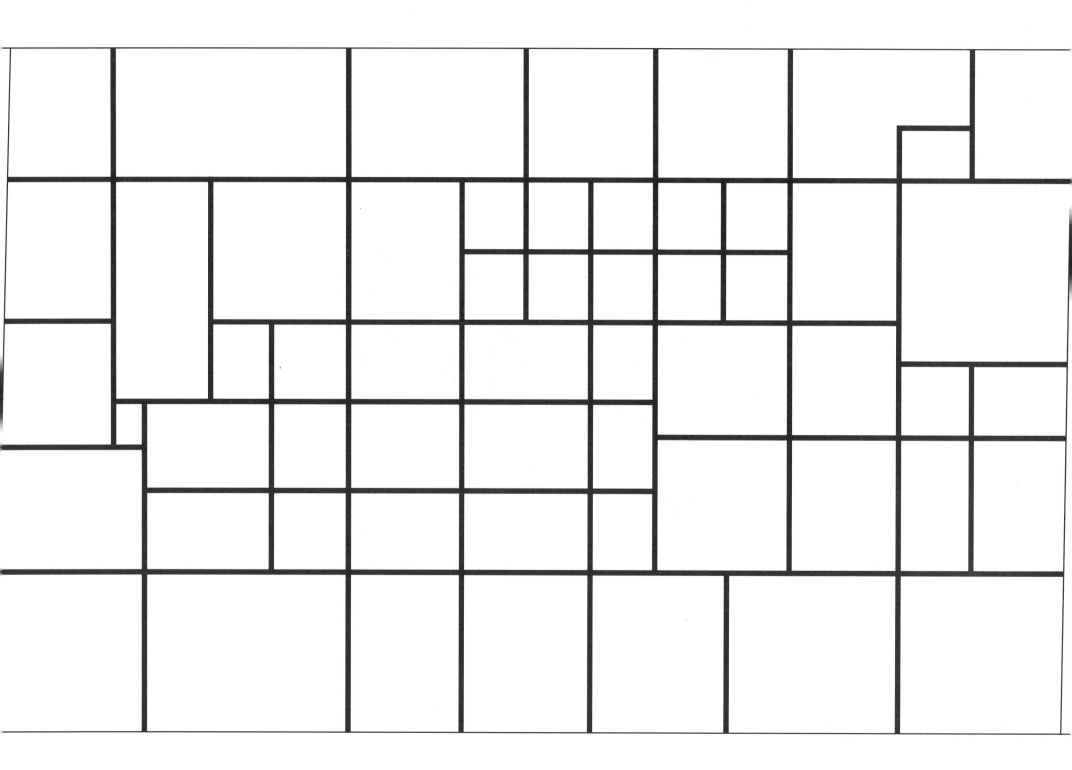

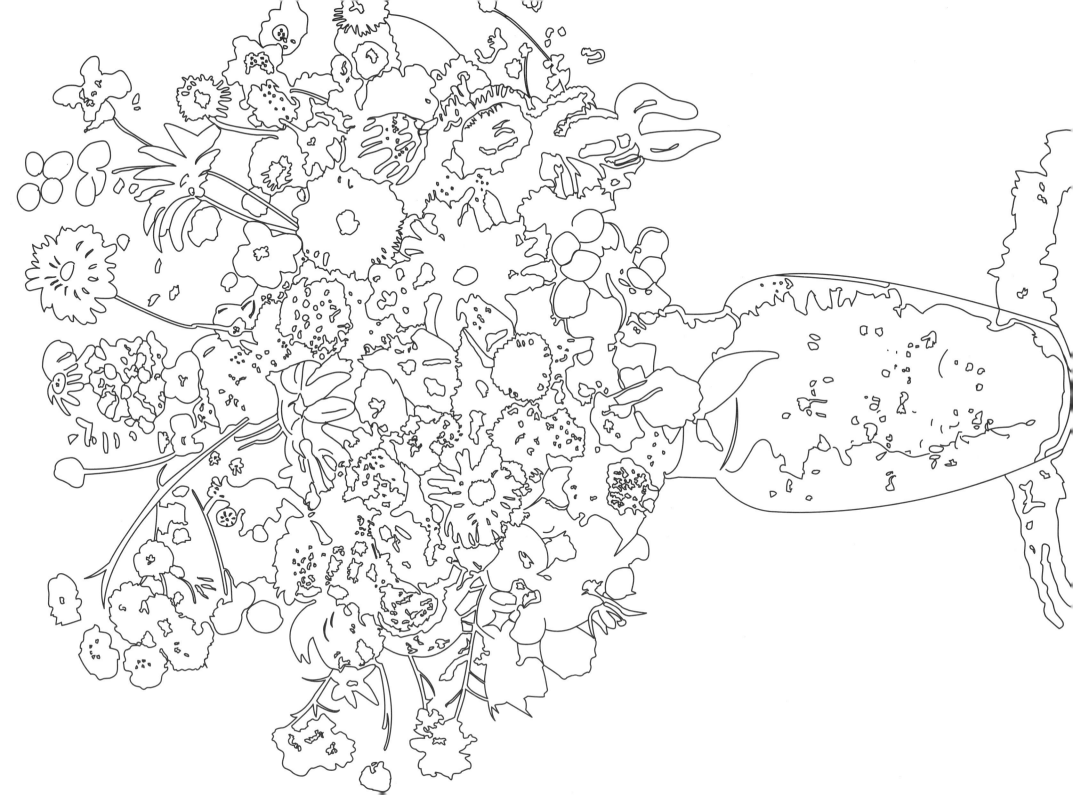

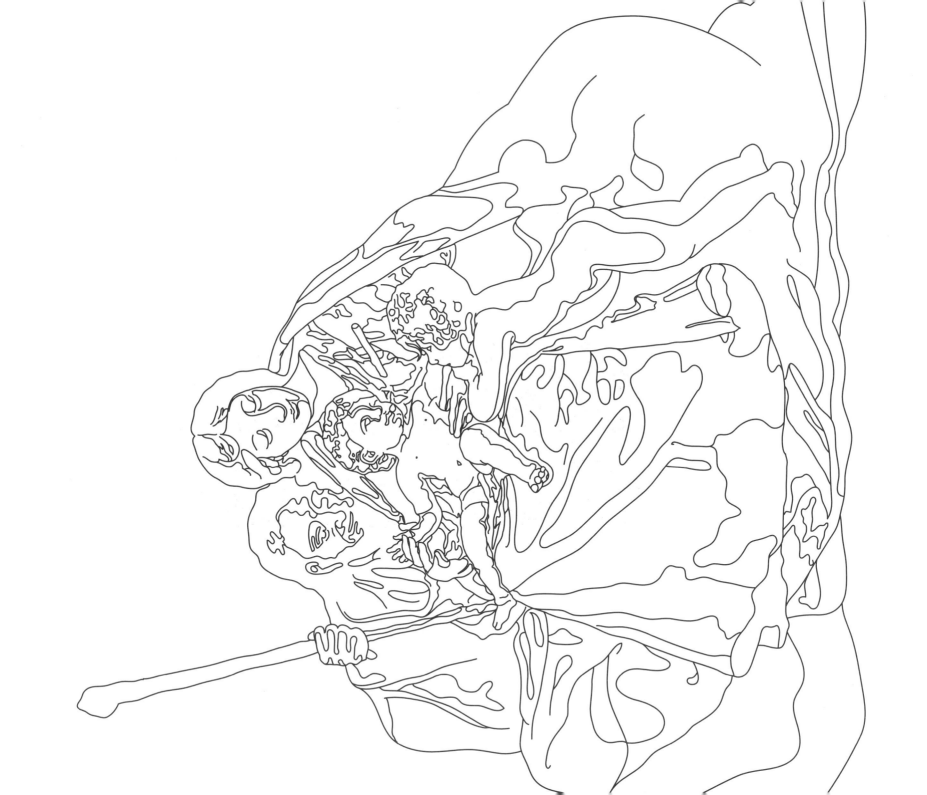

CD 찬송가 페이지

※ 찬송가 페이지 순서는 개역개정판을 기본으로 했습니다.
성경명화태교 CD의 찬송가 연주는 2~3절이므로
전곡을 다 부르려면 2번 반복해서 들어야 합니다.

오늘